Verso y Tambó
Poesía negrista

© Nora Cruz Roque 2024

Publicaciones Librélulas
ann.martinez@live.com

Colectivo editorial Solangedar

ISBN: 9798338805961

Se prohíbe la reproducción, traducción o apropiación ilegal de alguna parte o totalidad del texto, por cualquier medio: electrónico, mecánico, fotostático, grabación, o cualquier sistema de almacenamiento, sin autorización de la autora.

Dedicatoria

Nuevamente dedico este trabajo a todos los que inspiraron mi espíritu a poetizar y declamar sobre nuestra afro descendencia.

En esta segunda edición, mi agradecimiento se extiende a mis ancestras y ancestros que van inspirando nuevas ideas. Son los que me van dando sabiduría para aprender más de mi historia de afro descendencia y para crear conciencia de que sin el respeto y admiración a nuestras raíces africanas, podemos perder parte importante de nuestra identidad de afrocaribeños puertorriqueños. A ellas y a ellos, todos mis respetos.

A Natalie Martínez, a Elimagdy Amaro, a Julie Laporte y a mi amado José Claudio Seda.

¿Prólogo?

Este Prólogo intenta ser tan prolífico como Madre Naturaleza misma; excepto que únicamente en el limitadísimo espacio de su infinito... donde cada Madre crea los suyo propio.

Este Prólogo, no es otra cosa que: el inicio de otra Madre en Su Creación. Es el aprehenderse del todo, para dejar en los Hermosos Jardines Negros el poco y más puro Elixir que Madre Natura le dejara al Espíritu para que se lo herenciara a los que de su Espíritu le serán siempre.

¿Qué dirá Madre Cultura de este Prólogo cuando vea que Este solamente trata de anunciar de Otra Madre lo que ya todos saben, pero no lo dicen... ¿Cuál será su reconvención...? ¿Qué aconsejará Madre Historia, si lo hiciere, a los que de Ella aún entienden muy poco?

No es que es un Prólogo Este, Es Madre Raza conversando de su "Sufrir", de sus Dolamas. Madre Raza hablando de Damas que a Su Estirpe Hicieron Gala; y a su canción un mejor verso; aunque Verso de Tambor sufrido para la Negra más Concursada por ser Reina Todos los Días. Si esto un Prólogo fuera, no pudiera adentrarse en los Caminos Vaginales en que Madre Madre, Negra Negra dejara su huella para que fuese Prolada por sus "Abuhos". No lo sería tampoco si Madre Historia no pudiera contarnos un renombrado

"Bochinche". Aunque este se hubiera suscitado en Puerto Rico, en República Dominicana, Venezuela, Colombia, Cuba o el tras patio de Doña Solangedar en su Pueblo de Encantos.

Pudiera ser Prólogo, si acaso, si se comprometiera con la Primerización que Toda Madre carga... Así como Madre Natura carga su ínfimo y su infinito. Lo sería también si "Monologando" pudiera escuchar y cantar a Madre Piel en sus Rezonos... Rezonos que brotan de estuches perfu-mados con el Aroma del Alma.

Para que verdaderamente Prólogo fuera, tendría que paladearse el más agradable dulce que corra por Raíces Espirituales y así poder dejar en los Dorados Baúles de Madre Historia, el poético que dará paso Natura y su Gran Creación. Su Declamación. Declamación silente está tra-tando de depurarse en el Pentagrama del Verbo... para que todos seamos Grandes Declamadores, Grandes Escribi-dores, aunque nuestro Negrismo Histórico nos haga leer "Mal Escribío".

Pero debe ser Prólogo, si trae consigo el Renacer del "Tun cu tun pá", a la beldegué, bendecido por Acué, para que en Guayama se suscite un Balelé donde Sese-Eribo cante su mejor mensaje para que se forme el Cucalambé y que todas las figuras artesanales que se exhiban... Por la encendida calle Antillana..., sean todas Ebanadas... Tal cual Negra Jincha... Bruja... Nora que carga su Cruz de Roca Blanqueada

Y
Perdón si no vengo a verte,
como tú te lo mereces.
Pero, aunque no venga a verte,

no creas que yo te olvido.
Perdóname si dejé
que Cicatahina me hechizara.
En el verdor de sus palmeras
y en el azul de su hermoso mar.

Perdóname, pero ella es bruja como tú
y Dios de virtud,
de que en sus brazos
siempre me tuvieras.
Pero tú siempre me llamas
porque en mi alma vive tu flama
y por eso, aunque me vaya te adoro,
a ti, mi linda Guayama.

Lic. Pedro Gil Ortiz Pica – P.G (Pete)
D (Pipo) P; BA, JD (Pipo Pica, el nieto
de Felicita Curet, guayanesa)

El por qué y cómo es la producción de este libro

Por Nora S. Cruz Roque (Solangedar)

Escribir un poemario sobre la raza negra es un reto: la forma de escritura a usarse, los signos ortográficos, todo es diferente. Durante varios años he estado viviendo la musa de un candombe interno, de un sonido de tambores en mis oídos que siempre me acompaña.

Cada vez que veo un rostro, con un color hermosamente oscuro, cada vez que puedo tocar esa piel suave en contraste con un pelo grifo, cada vez que comparto con alguien que me recuerda cómo debe haber sido ese tiempo, la musa se torna en papel y escribo.

Mientras trabajé la primera edición de este poemario mi pueblo de Guayama pasaba por una etapa de letargo cultural. Esto me dolía y me marcaba como guayamesa. Durante los cinco años donde fungí como administradora del espacio cultural nombrado Casa del Poeta Luis Palés Matos, se realizaron inmensidad de actividades literarias, culturales y comunitarias donde prevalecieron las manifesta-ciones en pro de la afro descendencia.

La poesía de Luis Palés Matos revivió nuevamente en nuestro pueblo, se escucharon y analizaron sus poemas. Se hicieron diversas actividades culturales en torno a la poesía del autor guayamés y de otros poetas puertorriqueños que trabajaron el tema de la afro decendencia. Guayama resurgía y el poema de Palés en donde se escucha el lamento palesiano se hizo sentir,

Guayama se duerme toda sobre el ala fresca
bajo el fresco de la luna llena
y por una blancura solemne resbala
una mezcolanza de alegría y pena

Le canté al poeta y escribí a mi pueblo estas estrofas que dicen así:

Soy del pueblo de Guayama,
yo sé lo que estoy hablando.
Que en mi pueblo se baila bomba
y hay que seguirla tocando... oye...

Es mi pueblo una delicia
con encanto y esplendor
//mi Guayama pueblo brujo
al que quiero con pasión. //

Visitando a Puerto e'Jobos
quedarán muy encanta 'os
//pues allí se baila bomba
en to' limpio soberao. //

Si decides ir al campo
de to' lo jíbaro tendrán

//y allá en el monte adentro
los ancestros tocarán. //

Cuando llegues a Pozuelo
alcapurrias a granel
//mi gente linda de Guayama
es mi pueblo un parabién. //

Mi Guayama es pueblo lindo
y te saluda a to' pulmón
//con brujería de la buena
pa' que vuelvas con pasión. //

Mas me seguía faltando algo. Deseaba plasmar un escrito para las futuras generaciones, quería que mis letras tuvieran sonido, musicalidad y sobre todo historia. Me fascinaba leer los escritos de Palés, de Fortunato Vizcarrondo, Julia de Burgos, Emilio Gallegas, Nicolás Guillén, de tantos otros que le escribieron al tema de la afro descendencia. Y quise ser parte también.

Por eso en este poemario escribo de gente que me impactaron por muchas razones; su orgullo a su identidad, su amor por su cultura, sus esfuerzos por mantenerla y sobre todo su existencia en este mundo en el que nací.

Plasmo en este trabajo, las anécdotas que me los recuerdan, escribo en la forma en que ellos hablaban. Ese diálogo coloquial que utilizaban, sus consejos y sobre todo el regalo de su tiempo hacia mí me llenaban de más deseos de escribir. Plasmo en esa forma con todo respeto pues lo expresado por ellos es cultura, es historia, es sabiduría.

Con esta reedición, pretendo continuar con la tarea de recoger y exponer en el escrito mis experiencias de niña, de haber sido discriminada por tener un color precioso, matizado con las influencias del indio, del español y del africano sintiendo un orgullo inmenso de saber que soy parte de esta mescolanza que nos hace ser puertorriqueños.

Le rindo homenaje a la raza negra en especial a la mujer negra, esclava, luchadora, madre, empoderada: a mis ancestras. Le rindo homenaje a mis negros de Guayama y escribo nuevos poemas sobre nuestra situación para que disfruten de éstas y otras nuevas lecturas que incluyo en esta segunda edición y sientan como yo, los tambores internos que nos identifican como parte de nuestra afro caribeñidad.

Nora Socorro Cruz Roque (Solangedar)
Puertorriqueña. Guayamesa. Afrocaribeña

Autorretrato en acrílico realizado por la autora.

Índice por segmentos

¿Prólogo? vii
El por qué y cómo es la producción de este libro xi

Esta raza que amo tanto 23
Soy de raza negra 25
¡África eres tú! 28
Tienes que saber quién eres 30
Tambores Dolientes 33

Y dicen que en Puerto Rico no hay discrimen... 35
Sueño negro, sueño blanco 37
¡Lleba mi coló! 39
Una boda que tendrá coló 41
Colores de mi país 43
Yo conocí una mulata 45
Concurso: Mujer Negra 47

Maternidad negra 51
Canto a mi niño negro 53
Mi agüela me cantaba nanaj 55
Caballitoj en loj ojoj 57
El biejo Tatá y su nieto Belén 60
¡Gracias, Siña Pancha! 62

Monólogos de una negra a su negro ausente 65
Mi negro del tambor silente 67
¿De qué color son tus ojos mi negro? 68
A mi negrito santo 72

xvii

Arrebato sin consentimiento 74
Esta raza tiene melao 77
La negra Tona 79
¡Bochinche!... 81
Acepíllame el pelo Mama Nana 84
Sigue consejoj pa' que lleguej a biejo 86
La cosina e Nicolasa 88
Ejta rasa ej dulse pal melao 91

A las Villodas 95
Salomé Villodas 97
Mujeres memoria 99
Historia de enaguas y fantasía 101

Negros y negras para mis historias 105
Brujería de la buena 107
María Amelia 109
Mi negro blanco 110
¡Baila mi negro, baila! 112
En Puerto de Jobos hay muchos negros 114
Nuestra Majestad Negra 116
A Papá Miguel 118
Bailador de bomba celestial 120
A Pablo Lind 122
El legado de la diáspora 125
Mi puntal poético 127
En la búsqueda de los ancestros...129
Cantaora y compositora de bomba 132
Logró su Libertad 134
Negros para mi historia 137
Soy puertorriqueña afrocaribeña 139

Glosario 141
Biografía 143

xviii

Verso y Tambó

Esta raza que amo tanto

Es un sentimiento interno
que me dice que hay protección,
que debo respetar,
recordar y divulgar su legado.
Una historia donde no estuve presente,
pero que ha tocado mi corazón.

Soy de raza negra

Esta noche me siento negra,
negra de piel y corazón.
Arde pasión negra por mis venas,
yo huelo a baile y a tambor.

Dice que soy fuerte,
parir puedo con dolor,
puedo trabajar hasta que se pone el sol
y puedo llorar mis penas con valor.

Dice mi negro color que, en las noches,
aunque no haya fogata,
en luna llena o menguante,
mi corazón se siente anhelante
porque soy de raza caliente.

La Raza Negra,
la que conquistó el Caribe.
La que no pudieron derrotar
ni con golpes ni con cicatrices.
La que sigue en pie
levantando su grito y su cuña.
¡Negra! ¡Mi Raza Negra!

Mi color ha llegado a todas partes;
a América, a la India y al Japón,
a todo lugar va mi raza,

La Raza Negra
y ese, a orgullo, ¡Ej mi coló!

Pintura a lápiz realizada por el profesor Edgar Velázquez de la

Escuela de Bellas Artes Leopoldo Sanabria Cruz de Guayama

¡África eres tú!

¡Tambores de África suenen alto!
¡Repiquen con fuerza que abraza!
¡Dejen marcado el lugar
con sonido de melaza[1]!
Mi color quiere extinguirse
y mezclarse con la blanca.
¡Suenen los tambores de la raza!
¡Multipliquen los sonidos
para que se opaquen los de otras razas!

¡África hazte presente en trenza y color!
Saca tus bembas sabrosas
y oscurece el falso sol.
¡Loíza defiende tu herencia!
¡Guayama, no mezcles tu negro color!
¡Que comience el balele!

Tenemos en la herencia africana,
una estirpe de lucha y honor.
¡Y los que se sientan afrocaribeños
levanten las manos!
Griten con orgullo que su raza tiene sabor.
Somos de una raza decente
que se sacrificó como lo hizo

---
[1] Líquido viscoso, color pardo oscuro y sabor dulce, que queda como residuo de la fabricación del azúcar de caña.

el indio y el español.
¡África, tú eres mía y yo soy tú!
¡Aunque mi piel no es tan oscura,
me siento negra como las de Tombuctú!

Tienes que saber quién eres

En una isla hermosa con sabor a miel y sal
habitaron seres de color cobrizo
y dientes de cal.
Se dice que eran simples, sencillos
y gustaban de cazar.
Después de sus tareas se acostaban
en hamacas y descansaban en paz.

Un día cuando menos lo imaginaban,
seres blancos aparecieron...
a trabajar los obligaron
buscando no sé qué cosa;
oro, riquezas, nuevas esposas.

Nuestros hermosos seres
trataron de defenderse,
mas su raza quedó indeleble
con su sacrificio santo
su color cobrizo quedó impregnado
en el de la blanca piel,
no pudiendo desaparecer
aquel hermoso legado.

Luego, los blancos
cometieron la gran infamia
de buscar en África, gente negra:
los esclavizaron, maltrataron,
vilmente a sus mujeres ultrajaron...

Por más que trataron
de desaparecer aquella raza elocuente
el blanco quedó entintado
con el color cobrizo y la negra piel.
El blanco desapareció
de su concepto de pureza.
Mezcolanza que hoy se le llama
mulato, jabao o mestizo,
hechizo que me hace sentir orgullosa
pues es la mezcla más hermosa
que existe en mi Puerto Rico,
este país chiquito
donde hay negros y blanquitos.

Mas muchos de los míos
reniegan de su negrura,
se las echan de raza pura
cuando la mía es pura rebelde.
No puede quedar paciente
en lo que a mi raza concierne,
y como poeta silente grito con toda mi voz:

Si te crees blanquito porque es clara tu piel,
fíjate en tu rizado pelo,
en tu caderamen o en tu nariz tal vez,
fíjate si tus labios
son finos o ricamente carnosos,
fíjate si tienes dientes color marfil
o si te sientes sabroso.
Si cuando los cueros suenan
todos los pelos se te erizan,
si te gusta bailar la bomba y la plena
y te mueves al ritmo
del pandero o el tambor
y sientes que te palpita el corazón...

¡Llevas sangre de afrocaribeño
en las venas como yo!

Tambores Dolientes

Tum cu tum pá   Tum cu tum pá
Tum cu tum pá   Tum cu tum pá

Así suenan los tambores de mi alma,
repican invitándome a bailar.
Las manos del bombero
duelen de tanto tocarlos.
Son los tambores de una historia
de sacrificio y de mucho luchar.
¡Renazcan! ¡Suenen!
Aquí, allá,
en el norte, en el sur, en el este y oeste,
en el batey de mi solar.

Tum cu tum pá   Tum cu tum pá
Tum cu tum pá   Tum cu tum pá

¿Qué me dicen?
¿Quién me toca?
¿De qué dolor me hablan?
Es del dolor que causa la libertad perdida.
Es el dolor que causa la división.

Es el dolor que causa
el abandono de una historia...
de un color.

Es grito de sangre de raza,
de sol para el cimarrón.

Tum cu tum pá   Tum cu tum pá
Tum cu tum pá   Tum cu tum pá

El tambor me sigue hablando.
Mis ancestras me piden que descifren
¿Yo?... que apenas soy...
Que ni siquiera sé danzar,
mas el tambor suena,
el tambor habla
y pide que se escuche su toque,
un mismo toque sin distinción de lugar
y me pide que diga
que no exista división de lugares y ritmos.

Tum cu tum pá   Tum cu tum pá
Tum cu tum pá   Tum cu tum pá

¡No mutilen más mis tambores dolientes!
¡Solo déjenlos sonar!

Y dicen que en Puerto Rico no hay discrimen... ¡Si claro!

"Es un negrito bonito"
"negra maldad"
"Ella es una negra muy trabajadora"
"Es negra, pero es tan bonita"
"Sé que tengo el privilegio de ser blanco, así que ..."
"Tenemos que aprovechar el viernes negro"
"Yo no soy negro, yo soy café con leche"

¿Hay que clarear la raza?

Sueño negro, sueño blanco

Sueño... sueño...
Sueño con el negro Qutún,
el negro de mis quimeras
dueño de mi padecer.

Desde que lo vi y me vi en sus ojos ardientes
yo no quiero cerrar los míos,
para que no se borre esa pasión escondida,
esta pasión que me quema
y que no quiero apagar.

Sueño que tú eres mío
y que en las noches calientas mi piel.
Que tus labios estrujan los míos
y me haces tu mujer.
Tu piel sedosa, brillante, firme,
formando diversas líneas
y curvas que me hacen sonrojar...
sin vellosidades extremas,
piel vibrante, cuerpo sensual.

Ay negro Qutún,
no quiero despertar de este sueño.
Quédate conmigo hasta el amanecer.
Solo es un sueño de fogoso soñar...
pues yo soy Blanca... la del blanco capataz.

¡Lleba mi coló!

Si pol negra tu mai a mí me dejpresia
y no desea que tú conmigo te quieraj casal.
Si por negra tú me quierej
y tuj sojoj brillan en la ojcuridá.
Dale luj a loj sojoj de tu madre
polque ella no sabe lo que ej amal.
No se ama polque el coló
sea ojcuro o sea claro como el sol,
se ama polque se ama
eso lo sabemoj tú y yo.

¿Callaj mi sielo?
¿Tus sojoj claroj se empañan?,
¿lloran?,
¿pol qué?
¡Te dijo que me abandonej!
¡Que soy negra!
¡Que es susia mi piel!
¿Y qué le dijijte amado mío?
¡Callajte! ¡Le dijte alaj a su bajesa,
a su egoíjmo, a su desamó!
Si pol negra tu maí a mí me dejpresia
y tú ni siquiera tienej balol
de desile que me amaj,
que en mi bientre llebo tu coló.
¡Ojalá y me najca un negrito tinto!
Pa' gritale a tí y a ella
¡Ej tu hijo!

¡Ej su nieto,
pero lleba mi coló!

Una boda que tendrá coló

Una mosa se tenía que casá,
disen que ejtaba trijte y no paraba de llorá.
La gente del pueblo mulmuraba
de aquella boda palticulá;
el novio llegó no se sabe de a'onde,
no era de aquél lugá.

La nobia no ejtaba alegre
polque su corasó tenía otro dueño,
era un negro de otro ingenio
de quien ella se había prendao.
Lo que pasa ej que la mosa
era blanca y de labioj finoj
y su familia no iba a pelmitil
que cometiera algún desatino.

Así que dejpuej de una gran bisisitú[2]
el negro desapareció
dejando un espesial regalo
que la mosa lleba en su corasó.

La boda se va a selebrá
con bombaj y platilloj
y tiene que ser con prisa
polque se le ejtá ejtirando la piel

---

[2] (vicisitud) Serie de sucesos que pueden ser alegres o adversos.

y se le ba a brotá el ombligo.
Ejta boda a mi lo que me da ej risa,
tanta cosa y tanto planche,
si cuando se haga el enganche
con la blanca mosa y el tonto blanco
a loj nuebe mesej del gran evento
una solpresa toítos se van a llebá
no cabe duda que naserá
un negrito o una jabá,
blanca pura... ¡jamaj será!
y a toj sacará de duda
polque pol maj que quieran ocultá,
la raza negra ej maj fuelte que ninguna.

Colores de mi país

Me río de la gente blanca y negra de mi país,
aquí, ¿Qué es ser negro?
¿El que tiene el pelo e pasa o pelo alisao?
Y el blanco... ¿Quién es?
¿El que tiene el pelo maíz tostao?

¿Será que aquí la gente
se mide por el tamaño de la nariz?
Entonces Misis White, mi vecina
de ojos azules es prieta
polque mira que tiene bembas
y su nariz parece un ventanal.

¿Por qué hay tanta cosa con los colores?
si hay tantos para mirar,
colores de mi país...
el azul, el verde, el colorao...
Son colores hermosos
y en Puerto Rico los hay en todos lados.

El verde es el más que predomina,
está en todo lugar...
en las palmeras, en las montañas,
donde hay gran variedad
y en cada hoja que acompaña al rojo tinto,
el azul es el color del inmenso cielo
y del ancho mar.

¿Por qué pelear por los colores?
¿por qué tanto rechinar?
¡Ah! y si no digo algo del rojo
chinches me van a brincar!
El rojo es el más importante,
simboliza el amor,
simboliza la sangre que Jesús derramó.
Simboliza la sangre del indio,
del negro y del español.

A mí me gustan todos los colores,
pero el más que me gusta es el negro,
el de mi raza,
el que llevo en mi piel y aquí en mi corazón.

Yo conocí una mulata

Cuando era pequeña escuché de una mulata
que en el barrio la apodaban
la mujer de ébano[3] y marfil.
Su cuerpo como sirena
se contoneaba sin medida,
era la causa por la que todos la perseguían.

Un día se enamoró sin consuelo
de un hombre blanco
que de un ingenio era dueño.
La llenó de palabras vanas
y la hizo su mujer.
Despreciada por los suyos,
no tenía donde vivir,
y regaló el fruto de aquel amor
a la mujer de Don Pellín.

No se sabe a dónde fue,
la niña blanquecina quedó en el desconsuelo,
no entendiendo si era blanco o negro su suelo.

¿Qué habrá sido de la mulata,
la mujer de ébano y marfil?
¡Qué hermoso pudo haber sido
si con ella la niña hubiese crecido!

---
[3] Madera tropical color negro.

Concurso: Mujer Negra

Cuentan que en una ocasión en Puerto Rico
se quiso hacer un concurso.
No encontraban que escoger
porque aquí los concursos ya marean.
—¡El concurso será el de la mujer negra!
—¡Negra! Fuchi!, —dijeron algunos
de los patrocinadores.
—Si el concurso se va a celebrar,
tiene que impresionar,
decían otros a viva voz.

Los concursos que se patrocinan en este país
son para mujeres blancas
de esas que se levantan como espigas al sol.

Por más que se puso empeño
nadie llegaba a un acuerdo.
Un concurso de negras
era como menospreciar el esfuerzo
de blanquear la raza puertorriqueña.
Yo de lejos observaba y tuve que echarme a reír.

Total, por más que quieran decir
que somos claros o blanquitos
nuestra raza tiene negritos
desde el cien hasta el treinta y cinco.

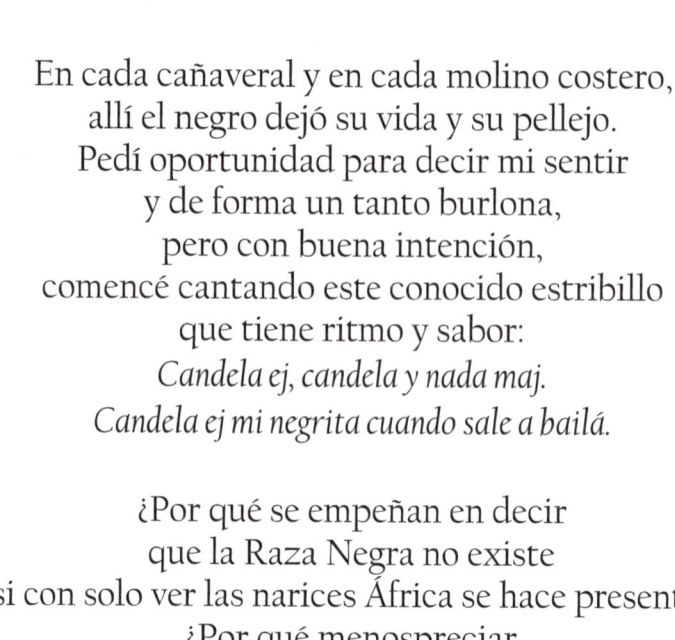

En cada cañaveral y en cada molino costero,
allí el negro dejó su vida y su pellejo.
Pedí oportunidad para decir mi sentir
y de forma un tanto burlona,
pero con buena intención,
comencé cantando este conocido estribillo
que tiene ritmo y sabor:
Candela ej, candela y nada maj.
Candela ej mi negrita cuando sale a bailá.

¿Por qué se empeñan en decir
que la Raza Negra no existe
si con solo ver las narices África se hace presente?
¿Por qué menospreciar
lo que dice nuestra historia,
si gracias al negro fuerte es que existimos?
No echemos al olvido que somos negros también
Dejen la ballolla[4] esa y preparen, no un concurso
sino un homenaje culto
y bello a las mujeres valientes.
La que plancha,
la que mece a su niño en hamaca o sillón.

La que se levanta de sol a sol
para criar una familia sola.
La que, aunque moderna,
no esconde su raza alisándose las pasas.
Negras que son nuestro orgullo borincano
por su decencia y su negro color.
Cuando fui de nuevo a cantar el estribillo,
me di cuenta de que la audiencia
me miraba con atención.

---

[4] Broma, chiste, diversión.

El primero en levantarse
fue un local comerciante:
—Usted tiene razón
en todo lo que aquí se expresa,
voy a auspiciar con mi cerveza
este concurso de negras.

De prisa se levantó
la del periódico muy emocionada:
—Voy a cubrir en la primera plana,
la que salga soberana.

Al plano todos comenzaron
a ofrecer villas y castillas.

Me fui de allí sin que cuenta se dieran,
yo no creo en concursos
y menos en los de las falsas evidencias.

No sé si el concurso se dio
y si las negras ganaron.
Si me hubiesen dejado el concurso organizar,
todas hubiesen ganado
si aceptaban su negrura.
Por eso con un tanto de amargura
en este poema queda,
mi homenaje a la Mujer Negra:
A la partera, la sirvienta,
la costurera y la ama de llaves.
La que fue desterrada de Vieques
por defender su suelo santo.
La que muele el café en un gran pilón
y prepara mantequilla y un rico requesón.
La que baila bomba en Guayama,
Loíza o Mayagüez.

La que es candela en el baile
y llora a su niño en un baquiné.
Candela ej, candela y nada maj.
Candela ej mi negrita cuando sale a bailá.

Maternidad negra

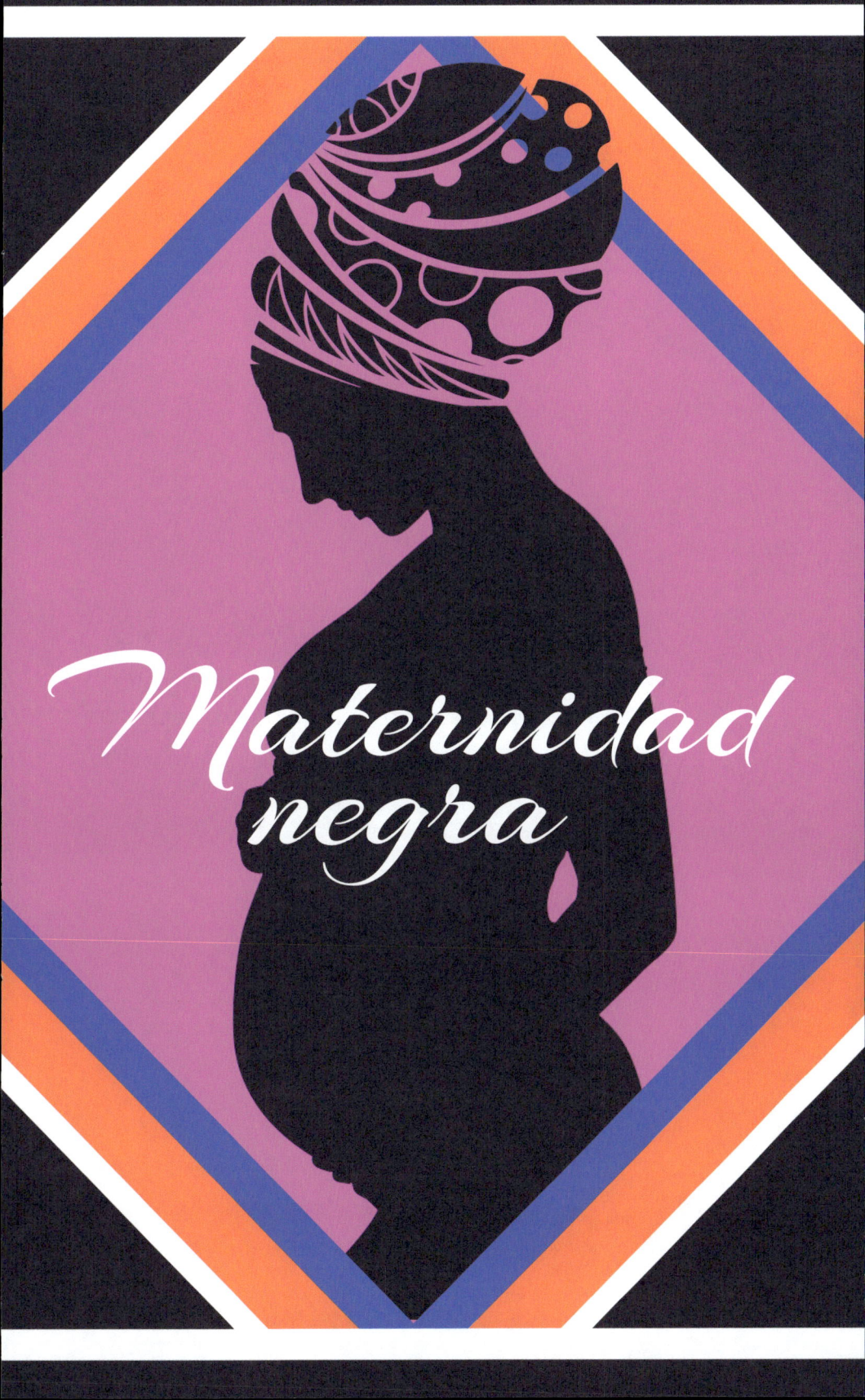

Mi vientre se expande a dolores no sentidos.
Mi vientre se expande sin permiso a ser ungido.
Mas mi vientre te acunará porque es mi negrito.

Canto a mi niño negro

Le canto a mi negrito una canció de amó.
Le canto pa' que sueñe con la luna y con el sol.

Ay mi niño negrito, asabache pasurí.
Tu erej la luj de mij ojoj, sin tí me pueo morí.
Negrito abre tuj ojitoj, sonríele a mamá,
abre tuj bembitaj que te quiero amamantá.

Le canto a mi negrito una canció de amó.
Le canto pa' que sueñe con la luna y con el sol.

Ay mi negrito, hoy el amo dejcalgó sobre mí:
Su ira, su coraje y su rencol.
Ej que él no ej felij como yo.
Yo tengo a mi negrito
que me da toa la fuelsa del mundo
atrabéj de su sonrisa y su amó.

Y óyete bien mi negrito lo que te boi a decí:
Cuando tu seaj grande y ya tengaj tu libeltá,
no pelmitaj que nadie te benga abochoná.

Siente orgullo de tu rasa,
siente mucho orgullo por tí
y demuejtra siempre con ejemploj
loj consejoj que te dí.

Le canto a mi negrito una canció de amó.
Le canto pa' que sueñe con la luna y con el sol.

Mi agüela me cantaba nanaj

Acué[5], acué, duerme mi niña negra.
Acué, acué, suena el borocotó.
El güije[6] no se aparesca,
Yemayá[7] lo pisará.
Mi niña ejtá en la cuna,
no la ban a dejpeltá.

Yamambé, Yamambó[8]
Mi agüela me cantaba nanas
que durmieron mi corazón.
Todavía resuenan en mis oídos
aquellos cánticos melodiosos,
corillos de simple rima
en un cantar armonioso.
Acué, acué, duerme mi niña negra.
Acué, acué. suena el borocotó.
El güije no se aparesca,
Yemayá lo pisará.

---

[5] Espíritu supremo.
[6] Tipo de duende característico de la cultura cubana. Este ser se representa como un negrito diminuto, de grotescas facciones, ojos saltones y muy escurridizo.
[7] Encarna la figura de la virgen de los navegantes, la protectora del hogar, la diosa de la fertilidad o la madre de los peces.
[8] Onomatopeya.

Mi niña ejtá en la cuna,
no la ban a dejpeltá.

Mi agüela me cantaba nanas
y yo las canto para ti.

Para que no se pierda esta tradición sana
de alejar de los niños
los hechizos de Obí[9].

Acué, acué, duerme mi niña negra.
Acué, acué, suena el borocotó.[10]
El güije no se aparesca,
Yemayá lo pisará.
Mi niña ejtá en la cuna,
no la ban a dejpeltá.

---

[9] Brujo, ser maligno.
[10] Se refiere al sonido rítmico del tambor.

Caballitoj en loj ojoj

Tata, no sé qué le pasa a mi niña Soledá.
Ya no juega y ejtá quietesita.
Ya no llora ni se muebe
y ejtoy muy preocupá.

Ayé tuve una bisita
de alguien que no conosía.
Una bieja que bendía
salej y potej de aromaj.
Yo no le quise comprá
puej no tenía ni pa' la sena.
Ella me miró con pena
y con mirada ejtraña.

En eso, entró a la sala mi niña Soledá.
Mi hermosura de niña,
la que llena ejta casa de alegría losana,
la bieja se le quedó mirando
y luego me miró a mí.
Suj ojoj brillaban raroj
y yo me quedé atesá.
Tocó a mi niña querida
y dijo con boj roncona:

"¡Qué niña maj cucona,
yo me la quiero llebá!"

Se me erisaron loj peloj

y cogí a mi niña en brasoj,
mientras beía con ejpanto
como mi niña se ejmongaba.

Cuando miré a la bieja
pa' encaralle lo que había hecho,
la maldita había salío
de la sala hacia el saguán.

Dende ahí mi niña ej otra,
ya no retosa, ya no canta, ni ríe
¿Qué le hicieron a mi niña?
¡Po' favó, Tatá, dime!

Si la bieja tenía caballitoj en loj ojoj
la niña tiene mal de ojo.
La bieja ej enbiá de Abiqué[11]
y pol eso ejtá hechisá.
Dale mucho calalú
y résale to' loj díaj.
Dale tu amol matelná
que eso le quitará el jujú[12].

Cántale, ríete por ella
y sigue resando iguá.
Quítate ese quebranto
que hay en tu corasó.
Soledá bolberá a la vida,
graciaj a tu matelná amol

---
[11] Ser maligno.
[12] Hechizo, trabajo de brujería.

El biejo Tatá y su nieto Belén

¡Sube, sube el palo e gandulej
y aunque te caigaj tú no te apurej!
Acuenené, acuenenó[13],
ya se ejcucha el borocotó.
Negrito lindo.
¡Trepa que trepa!
¡Trepa que trepa sin pará!
Juega, juega con Tatá
que mañana te vienen a bujcá.

Mamá y papá se ejtán preparando
en su guariquitén[14].
Ejta noche van pa' la fiejta jasta el amanesé
mientraj tanto yo te boy cantando
pa' que te duelmaj al son de ejte bembé.

Dinguili[15], dinguili, va sonando,
dinguili, dinguili, ya sonó.
Tatá te arrulla en suj brasoj,
duélmase mi corasó.

---

[13] Onomatopeya.
[14] Rancho o bohío campesino.
[15] Onomatopeya.

Dinguili, dinguili, callaíto,
dinguili, dinguili, ya se fue,
dinguili, dinguili, dejpasito,
canto jajta el anochesé.

Bueno jajta el anochesé no pue sel,
polque Tatá tiene cosaj que jasel,
pero ejta experiencia hermosa
no me la quita ni una buena mosa.

Dinguili, dinguili, dejpasito,
dinguili, dinguili, se dulmió.
¡Ay Belén, mi Belensito,
quédese quietecito, dolmiíto,
Tatá le echa la bendición... shhh!

¡Gracias, Siña Pancha!

Llegaba toda ajorá y se ejpatarraba a orinar.
Tal vez por la emoción
o por algún mal que nunca se pudo saber.
Nos sacaba de la habitación diciendo en alta voz:
—¡Ujtedej no tienen na' que jasel aquí.
Ejto ej pa' gente grande
y ujtedej tiene la tripa entoabía pegá!

Nos reíamos y buscábamos cualquier rincón
para poder mirar.
Mamá se quejaba y Papá asorao en el corral.
Siña Pancha cantaba, cantaba sin parar:
—*No te apurej niña hermosa, ejto pronto acabará:*
tu niño habrá nasío y lo podráj amamantal.

Mamá pujaba, gritaba y lloraba
al compás de la canción de Siña Pancha,
la comadrona de la vecindad.

—¡Puja, otro maj que la cabesa ejtá coroná!
¡Puja muchacha no se te balla atorá!
¡Abe María, ejte muchacho nació criao!
¡Bienbenido al mundo crijtiano!
Papá corría a la habitación
y mamá reía con el recién nacido.

Siña Pancha limpiaba al nuevo varón
y nosotros reíamos de emoción.
—*No te apurej niña hermosa ya tu doló acabó.*
Dijfruta el nuevo retoño y dale toíto tu amó.

La comadrona un día al cielo se fue
y Papá Dios le dio el encargo
de cuidar en el Edén
todos los niños que quedaron sin nacer.

Ya no tenía ajoro,
aunque tenía un trabajo especial:
recibir a todos los serafines
en el coro celestial.

Monólogo de una negra a su negro ausente

Me separaron de tu cuerpo,
tus caricias ya no están.
Tal vez ni siquiera existas
o ya goces de la esperada libertad.

Mi negro del tambor silente

Sonido de tambor,
versos del África lejana.
Tu voz: ¡Oh Yemayá! tu santa y pasiva voz...
Toda una gama de sonidos en armonía.
Escuchaste mi dolor,
conociste mi aflicción
y me brindaste tu poema
al sonido del tambor.

¡Alguien ya sintió mis angustias!
¡Alguien ya las vive por mí!
Ya no estoy sola.
No tengo que estar en dolor.
Alguien vela, toca el tambor,
recita y canta para mí.
¡Estás aquí, mi Negro del tambor!

¿De qué color son tus ojos mi negro?

¿De qué color son tus ojos, mi negro?
¿De qué color miran mi raza?
¿De qué color suspiran las historias
de antepasados trazadas?

Tus ojos tienen embrujo de santería blanca.
Miran comiendo entrañas,
cierran y parpadean flamas.
Tus ojos lloran con el recuerdo dolido
y la risa dormida.

¿De qué color son tus ojos, mi negro?
Tienen un azul verde mar
que bordea historias pasadas.
En sus adentros se desparrama un color tierra
que me habla de África.
Cuando lloran,
el verde se torna azul de cielo y mar.
Cuando ríes la esmeralda de tus ojos
respira aroma de sal.

¿De qué color son tus ojos, mi negro?
Tus ojos chispotean colores de mezcla de raza.
No dejan de ser ojos de negro.

Son ojos de cultura híbrida aceptada.
Tus ojos reflejan lo caribeño de mi orgullosa raza.

¿De qué color son tus ojos, mi negro?
Del color de tu mirada.
Miradas que dicen mucho
y que no me dicen nada.
Miradas que agobian aun presente
dentro de un futuro que arrasa.
Miradas de miedo y de angustia
pues no demuestran lo que hay en tu alma.

Tus ojos mi negro...
son ojos de lontananza,
son ojos de cercanía,
son ojos de madrugada.
De un despedir a las dos de la mañana.
Tus ojos cierran los míos
en mis soledades de madrugada.

Contemplo, observo los ojos de tu mirada.
Hay calor,
hay tristeza, hay esperanza.
Hay sonar de tambores,
hay sonar de almas desamparadas.

Hay rezo de santos,
hay un hilo de melancolía,
que siempre acompaña tu mirada.

¿De qué color son tus ojos, mi negro?
Son... del color del encuentro de nuestras miradas.

Pintura a lápiz y acrílico por Nora Cruz Roque.

A mi negrito santo

No te alejej, mi Negrito.
No te alejej pol piedá.
No be que cuando te alejaj
llora mi alma e soledá.

Cada vej que tú me encuentrj
mi corasó rechina de emosió.
Mi alma palpita y llora.
Se me palte el corasó.

No te baya, mi Negrito
quédate aquí junto a mí.
Mira que ejta Negrita
piensa mucho, mucho en ti.

Dime que tu tambié me ejtraña.
Que de cuando en be
mi nombre disej a lo callao.
Que cuando sientej mi sojoj morenoj
posalse sobre ti
no aguanta loj deseoj y mi boca quierej besá.

No me dejej, mi Negrito
que mucho sujpiro pol ti.
Ejta Negra te ejtraña tanto
dile que tambié la ejtrañaj... ¿sí?

Arrebato sin consentimiento

Siento la nostalgia de tu ausencia.
Ya no sé si pudiste cruzar el ancho mar.
Un mar que no es nuestro,
se nos arropa y condena,
de una pena que no es nuestra
pues somos seres de libertad.

En ese barco mugroso
apenas un día divise tu figura.
Lucias débil, confundido
y tu cuerpo todo mullido
indicaba el trato cruel.
Te dejé de ver... lloré
y un día desgarraron mis ropas
y se vaciaron asquerosamente en mí.

No sé cuál será mi futuro
No sé qué le espera
a lo que en mi vientre esta,
no sé si volveré a verte
pues yo también perdí mi libertad.

Ahh, pero si logro salir de este infierno,
te juro que no cesaré hasta demostrarle a ellos
que yo no soy esclava, ni presa, ni cautiva,
yo soy Mujer. Mujer de libertad

Esta raza tiene melao

¡Sandunga[16] tiene mi raza,
me lo dejaron mis ancestros.
Me gozo el baile, me muevo con sabrosura,
mi raza es como ninguna!

---
[16] Gracia, salero, alegría.

La negra Tona

Ejtando la Negra Tona sentaíta en el balcó,
pasó por allí el Negro Tomáj y de reojo la miró.

—"Que sabrosa se bé la negra,
si la pudiera besá,
pero tiene dueño la condená
y yo... la mía... se palte en doj ya".

La Negra Tona sabe que el negro la ejtá mirando
y se lebanta del silló,
muebe su caderame con alebosía y candó.
Hase que mira laj amapolaj y se acomoda doj.
De reojo se buelbe, lo mira,
se sonríe y se ba del balcó.

—"Ay que sabrosa ejtá la Negra Tona...
si la pudiera besá,
si esaj bembaj fueran miaj por un ratito na' má,
si me dejara tocal suj jinchaoj pechoj
y me dejara tocal toíto su cuelpo
que rejpira pasió".

El Negro Tomáj retuelse la cabesa,
tira un sujpiro, buelbe a caminá.
—"Estoy pensando en pajaritoj preñaoj", —
dise para sí en alta boj.

—"¡Qué sabrosa se be esa negra...
pero tiene dueño la condená
¿Y yo?... ¿la mía?... sé palte en doj ya mijmo ya".

¡Bochinche!

¡Siña Caridá! ¡Siña Caridá!
Mire que le tengo que contá:
Ayé me dijeron un chijme y lo tengo que soltá,
susede... que en el cañaberá...
cogieron a una pareja en cueroj pelaoj.

¡Sí, Siña Carida, así como se lo cuento!
y dicen laj malaj lenguaj
y la mía ¡que no miento!,
que la mosa ej Petra,
la hija de siña Futriaca.
El joben, el que cogieron
con laj manoj en la masa
o maj bien en laj ... usté sabe aonde...
ej el hijo del mayoldomo,
un blanco jincho del otro lao.

Yo no sé qué ba a pasá
con Petra la de Futriaca,
pero pol tonta y pol b... flaca
to le ba a salí mal.
Uh blanco no se junta
con una negra pa' tan solo jugá.

¿Qué dice ujted Siña Caridá?
Que ya ujté sabía del chijme,
que no meta laj narise
en donde no me conviene.

71

¡Pero Siña Caridá!
Yo solo bine a contá lo que pasó
con Petra en el cañaverá
¿Cómo?
¿Qué soy chismosa y lengüetera?
¿Cómo se atreve Siña Caridá?
¿Qué yo no debo de jablá?
¡Ay yo no me ej juntao
con ningún blanco de la jacienda!
Yo solo bisito al abuelo del joben Etanijlao.
El sólo se acelcó un día
pa' decilme que yo era buena mosa,
que quería....
¡Ah, pero yo le dije que no!
Yo nunca me ej metió en un matorral
y menoj me dejo tocá por un jincho pelirubio.

Yo sé... yo sé... los blancoj le gujta dañá
el coló de nuejtra rasa
¡Pero conmigo no!

En cambio, Petra la de Futriaca
se manosió con el blanco
y un día beremoj con ejpanto
como la pipa se le jincha.

¿Qué dice Siña Caridá?
¡Ay por Dioj, Siña, no me regañe!
Yo vine a visitala y a dale convelsació,
bine a platicajle lo que pasa
en nuestro negro rincó...
Ta bien Siña Caridá
ya no le cuento maj
¡Adió, Siña Caridá!

Acepíllame el pelo Mama Nana

—Mama Nana, tengo que ejtal linda pa' ejta talde,
los bomberoj ya llegaron a la hacienda
y la fiesta va a empesá
y mi pelo no quiere peiná
y tengo que estar hermosa.

—Ay mi negrita usted no sea cremosa.
Su pelo tiene los grifoj naturalej pa' eso son.
Deje suj pasaj quietaj
y vállase a la fiejta en la hasienda de don Cató.

—Mama Nana, pero es que no quiero salir
si mi pelo no se estira.
Ande, páseme un poco de baselina
y ya quedará estirao.

—¡Ay mi negrita ujted se levantó bien loca!
Esa pasa no se estira ni con ungüento e culebra.
¿Tú no entiende?
tú erej negra y tu pelo ej colorao y grifo.

—Sí, pero con un poco e brillo
y agua de suela de sapato,
mi pelo se pondrá raso
y seré la contentura

que ponga a loj negroj ardientej
en el candombe encendío
y yo bailaré toa la noche
jasta que mij piej queden tullíoj.

—¡Ay, Yemayá y laj onse mil vírgenej!
Échenle un vistaso a ejta negra
pa' que pueda entendé
que la pasa que ej colorá y grifa
ningún sepillo la pue socorré.

Sigue consejoj pa' que lleguej a biejo

Sipriano, ¿Pa' onde baj bejtío así?
Te parese a un manequí
de loj que hay en el pueblo.
¿Qué locura tienej trepá
que últimamente no te beo?
Te asepilla el pelo y huelej a floj de muelto.
Ten cuidao Sipriano, la otra bej te salbate
polque el cura llegó primero.
Si te llega a cogé el marido
hoy no ejtubieraj aquí.

¡No te ríaj condenao,
sabej que te quiero bien!
Anda dime pol quinta vej
¿En dónde te ejtaj metiendo?
No bayaj a salil corriendo
pa' que te llebe Abiké.

El que no coge consejo no llega a biejo
¿Cómo dijijte? No te ejcuché.
¡Qué te ejtaj biendo con la hija del patrón!
¡Qué te la llebaj a la playa
a rebolcalte en la arena!

¡Ay Changó[17] proteje a ejte negro loco!
La cajne lo ba a llebá ajta la peldisió.

No quiere cogel consejo.
¡Ampáralo y cobíjalo, Changó!

---
[17] Dios de la fuerza, el trueno y el tambor.

La cosina e Nicolasa

¿Qué cosina Nicolasa que huele tan sabroso?
No sé, pero tan pronto loj aromaj salen
ya no se puede rejpiral.
Dicen que la cocina ejtá hechisá
con cosaj que dan con jacej fantasíasj.
Sí... fantasíaj desaj de la mente y del cuelpo suelto.

Nicolasa cosinó loj sotroj díaj
un cabrito en fricasé
y luego tostó café en el pilón de su casa.
Yo no sé qué maj hiso
o qué le echó a quel cosío...
Disen que hajta las bacaj andaban
con el rabo parao y tolsío.

Ah, pero eso fue sólo el comensal
polque cuando la gente pasaba
por la casa de Nicolsasa,
en ejpesial loj hombrej,
lej daba como un resoplío,
sacudían la cabesa,
laj manoj y ajta el trasero
y corrían pa' su casa a bujcal a su mujel.

Lo demáj ej hijtoria hueca
polque lo sabe to' el mundo
que cuando del fogón de Nicolasa sale humo,
no hay quien tenga en el amol disimulo.

77

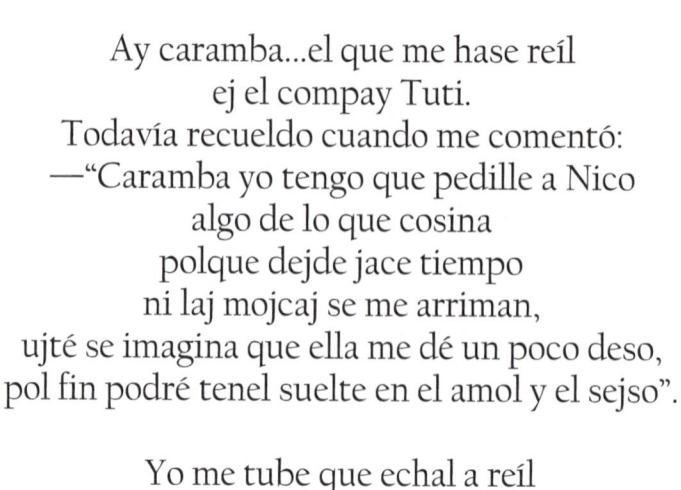

Ay caramba...el que me hase reíl
ej el compay Tuti.
Todavía recueldo cuando me comentó:
—"Caramba yo tengo que pedille a Nico
algo de lo que cosina
polque dejde jace tiempo
ni laj mojcaj se me arriman,
ujté se imagina que ella me dé un poco deso,
pol fin podré tenel suelte en el amol y el sejso".

Yo me tube que echal a reíl
y sin belgüensa le dije:
—Ujté peldone, pero con esa cara y esa barriga,
Nicolasa tendrá que prendel el fogón
y echalle toa laj potensiaj
polque su caso ejtá difísil...
así que tenga mucha, pero mucha pasensia.

Ay Nicolasa... Nicolasa pa' mí que tú le echaj
a tu comía melasa e sabrosura,
pa' que el negro tenga
su catinga[18] y su cucalambé[19]
con su negra en la intimidá.

Eso ej bueno
que la negra culipandee,
que el negro sandunguee
y que saquen su tiempo pa' gosá de beldá.

Oye Nicolasa, si yo tubiera mi negro...
¡Yo ejtaría hasiendo iguá!

---
[18] Baile.
[19] Baile de negros.

Ejta rasa ej dulse pal melao

A la Beldegué, a la Beldegué.
Mi mamá no quiere que yo balla a la Beldegué.

Mi mamá no quiere que yo balla a la Beldegué
polque ella sabe que a mí me gusta el negro Inéj.
¡Ay que negro maj hombrío!
Si jajta de miralle el ombligo
se me erisa toa la piel.

Cuando llega pol laj taldej y saluda a toa la gente
se me salen toaj laj babaj pa' que me salude a mí
y cuando lo jace se me sonroja la narij
y otraj paltej de mi cuelpo.
Ej que ese negro ejtá bien fiero
yo me quisiera acojtal con él.

A la Beldegué, a la Beldegué.
Mi mamá no quiere que yo balla a la Beldegué.

Como ba a querel que yo balla alguún lao
donde el Negro Ineéj ejtá,
si ella sabe que yo bibo embobá
porque ese negro ejtá fornío.

Me lo imagino en su nío...dolmiíto y quietesito
y yo... yo pasando la manita
a bel si el negro dejpielta
pa decille... lebanta que aquí ejtá tu prieta.

A la Beldegué, a la Beldegué.
Mi mamá no quiere que yo balla a la Beldegué.

Mi mamá no sabe que anoche,
mientraj en el callejó ejtabamoj,
se asercó a mí apasionao
y al oído me dijo:
—Yo sé lo que tú ejtaj sintiendo,
ej lo mijmo que siento yo.

El corasó se me paró del sujto.
Pol poco me caigo al piso,
pero el Negro Inéj me agarró por el bientre
dándome un beso en la frente
y luego me besó en la boca... y luego en la...
¡Ay! cuendo sentí suj bembaj calientej y locaj
ya no pude resijtil.

A la Beldegué, a la Beldegué.
Mi mamá no quiere que yo balla a la Beldegué.

Ay Mamá peldóneme, pero se lo tengo que disil:
Ese negro a mí me gujta y con él me bo'a fugal,
a la Beldegué o al camposanto,
el lugal ya no me importa,
solo sé que el Negro Inéj me quiere
y con él me boa juntá.
Y noj vamoj a dal una noche e sabrosura...

80

Loj gongoj[20] van a soná en nuestraj sienej sudá
y el negro cantará conmigo y yo cantaré con él:
A la Beldegué, a la Beldegué.
Mi mamá no quiere que yo balla a la Beldegué.

---

[20] Tambores.

A las Villodas

A Nicolasa, a Evangelia, a Victoria, a Candelaria,
a Amalia, a Salomé, a Luz María y a Mama Julia.

¡Qué legado, que mujeres y son del Sur!

Salomé Villodas

*//Baila Salomé baila Salomé
repica la bomba en un solo pie.//*[21]

Así te cantan en tu barrio
recordando tu estilo y sabrosura.
Una negra de riqueza y altura
que se mantuvo en su pedestal.

Piel oscura, pelo enrrizao,
mezcla de mar y candombe.
Negra del Puerto de Jobos
a quien nos honra recordar.

*//Baila Salomé baila Salomé
repica la bomba en un solo pie.//*

Tu traje sencillo y ceñido,
tu enagua adornada de flores,
de cintas, de colores y cultura,
de bomba y de tambor.
Eres como hermosa flor
de nuestra historia riqueña.
Mujer que sueña y hace recordar
que nuestra bomba es cultura pura
y tú la supiste bailar.

---

[21] El estribillo es parte de un cántico escrito por Ñeco Flores del Grupo Tradición del Puerto de Jobos en Guayama.

*//Baila Salomé baila Salomé
repica la bomba en un solo pie.//*

Mujeres memoria

Sus nombres particulares
se arremolinan en mi mente
tratando de crear un ambiente
de historia y de cultura.
Mujeres nobles, de humilde cuna
que no llegaron a la luna,
pero son parte de la historia.

Son las Villodas...
cantadoras y bailadoras
de nuestro baile nacional.
La bomba, la rica bomba
que se interpreta con tambores,
tambores que acuñan la historia
de esclavos o más bien esclavizados.

Las Villodas...
Evangelia la calladita,
la que cocinaba con rico sabor.
Candelaria y Amalia las que,
con sus agudas voces,
interpretaban los sones;
algunos de inspiración propia
que no logro a recordar.
Ahhh y ¿Qué me dicen de Salomé
y de Luz María?
Estas sí que tenía la alegría
de hacer al populacho bailar,

sus cuerpos en elegante movimiento.
Las Villodas...
Correctas, serias y a la vez cadenciosas,
así solían bailar,
no saltaban ni se alborotaban.
Sus enaguas enseñaban
con decoro y con respeto
o en acto de coquetería pura
y propiamente del Sur.

Recuerdo a Mamá Luz
como cariñosamente le decía:
Elegantísima, con su variedad de enaguas,
las que en cada momento se podía cambiar.

¡Ahh las Villodas...!
¡Qué legado!
¡Cuánta historia tenemos que recuperar!

Historia de enaguas y fantasía

>Dialogo entre Mamá Luz
>y la niña negra

—¡Mamá Luj, yo ejtoy bien enredá!
Unoj me disen que laj enseñe,
otroj que laj ejconda
que no hase falta jasel na',
¿qué hago Mamá Luj?
¡Yo quiero como tú baila!

—Ay mi negrita...tú y tus santas locuras.
Tú ya sabes bailar bomba,
lo llevas en tu corazón.
Tus ancestros te guían
y te hacen sentir el son.
Ahora hablemos un poco de historia
de esa que te puedo contar,
de esa que es parte mía
y te la quiero regalar.
Escucha bien niña mía
y tu comprenderás;
Nosotros los negros,
los que nacimos de ancestros esclavos
llevamos bien adentro,
los sufrimientos y penas

que nuestra gente llevó
y como nacimos libres, gracias a Dios,
rendimos homenaje eterno
con nuestras canciones y cantos,
con nuestros bailes y encantos
que su raza nos dejó.
Le añadimos historia nueva,
alegre y de libertad
para que allá donde moran sus almas,
puedan vivir en paz.
Hoy en día muchos bailan
brincando, saltando, remeneándose
como si estuvieran llenos de maleficio
a lo mejor, o, mejor dicho,
eso fue lo que aprendieron.
A mí me enseñaron
Salomé y Candelaria
que la enagua es nuestra gala,
un sello femenino
que le brinda a nuestra historia
mucho orgullo y sazón.

—¡No entiendo na'
¡Mamá Luj, estoy y sigo enredá!
La enagua, pa' que la voy a usar
si eso da mucho caló.
—Bueno hoy no se usa mucho,
pero puedes aprender la historia
de cómo era que le hacíamos.
Mira negrita santa,
mis hermanas y yo
preparábamos las enaguas
con cinta, con lazos, con puntillas
y hasta con botones.
Yo preparé una llenita de las banderas

para que el mundo viera
que soy puertorriqueña.
Levantaba un poco el traje
para dejar curiosidad
y así bailaba mi baile
con contentura de verdad.

—Esa hijtoria ej muy bonita
y me parese genial.
Utilisal laj enaguaj pa'
demojtral nuejtra vanidá.

—Ay mi negrita loca,
ahora sí que te confundiste.
Sigue, sigue con tu chiste
que yo seguiré con mi historia
de coserme mis enaguas
y así tener muchas para bailar,
para que me puedan recordar
como Luz María,
la bailadora de la familia Villodas,
a orgullo y autenticidad.

Negras y negros para mi historia

Son los de mi pueblo, los de la piel oscura,
los que no se avergüenzan de su raza
y con orgullo la vislumbran.
Son los de mi pueblo de Guayama,
los del Sur y de otras partes del universo,
pues mi Raza a todas partes ha llegado
y nos seguiremos multiplicando.

Brujería de la buena

Homenaje a las santiguadoras

Ella se llamaba Cató
y algunoj le tenían miedo.
Su sojoj eran amarilloj
y miraban jajta el cielo
Decían que era bruja
y que trabajaba con sapoj y culebraj.
Que mataba laj gallinaj
pa' tomal la sangre pa' adquirí podé.

¡Na! ¡Tó eso ej mentira!
Ella era mi agüela y sólo jacía el bien.
Curaba to' loj dolorej,
el empacho y jajta la fatiga
y nunca la ví aburría
puej siempre cantaba y fumaba tabaco.

¡Bruja!
¡Bruja de laj buena, curandera del solá!
Ella me enseñó a santiguá
y a pedijle al gran podé
pol laj animaj benditaj
y por loj que iban a nacé.

La gente inventando
siempre sobre laj brujaj,
loj hechizoj y loj ejpantoj.

Maj daño jace la lengua
con suj embujtej e injuriaj.

Yo conocí a Cató,
mi agüela la curandera
y si jiso alguna brujería,
¡esa... esa siempre fue de la buena!

María Amelia

Nació en mi barrio y era de oscuro color
Todos la admiraban pues era negra
y tenía mucho sabor.

Mayor que las demás nunca supe por qué...
La admiraba... la respetaba y siempre la amé.

Un día con mucho enojo le grité
improperios sobre su piel,
ella con los ojos en lagunas me gritó:
¡De todo menos sucia mi piel!

Pasaron los años y me enamoré
de un joven de ojos azules y de blanca piel,
éramos felices, mas no pudo ser.
En su familia dijeron que yo era negra,
¡que era sucia mi piel!

Entendí a mi hermana negra,
supe lo que su dolor fue.
Con mis ojos en lagunas,
en el regazo de mi amiga negra lloré.

Mi negro blanco

a Segundo Meléndez

Negro Blanco de ojos azules
que en las noches se tornan
color carapacho de juey.
Negro Blanco que sonríes cálido,
apasionado bohemio,
sapiente y amante de la libertad.

Conocedor de detalles de nuestra historia,
detalles que un día borré.
Nuestra herencia histórica te apasiona
y hablando de luchas te puedes amanecer.

¿Cómo será una noche de bohemia contigo?
¿Cómo será conocer el interior de tu ser?
Sé que amas la vida y el amor.
Yo amo también y saboreo todo con pasión.

¿Qué existe en tus noches de luna llena?
¿Palpita tu corazón al sonido del tambor?
El mío palpita y mi cuerpo se contonea.

¡Ay mi Negro Blanco! ¡Qué rico!
Respiras calor.
¡Qué bueno que existe el sol!

Nos dio luz para conocernos,
nos ha dado luz para compartir:
Historias...
Pasiones...
Amor.

¡Baila mi negro, baila!

Dedicado a Manuel Virella
Espinosa, QEPD

¡Baila mi negro baila!
¡Baila en la punta el pie!
¡Baila mi negro!
¡Báilame como ej!

¡Baila mi negro baila!
¡Baila en la punta el pie!
¡Baila mi negro!
Mira que te ejtán tocando al ritmo
del sicá y del cuembé.

Me encanta como ese negro baila,
ej que me pone a gosá:
Su cuelpo tiembla y en suj piquetej,
pone el bongo a soná.

¡Baila mi negro baila!
Y si deseaj... sácame a bailá.
Bailemoj al ritmo de la bomba
to' el día, toa la noche, ajta la madrugá.
Bailemoj el leró, el holandé, el sicá...
Ej que ej tan sabroso bailá contigo
que quiero empesá a bailá.

¡Ej que tu erej negro!
Y loj negroj saben la bomba bailá.

¡Baila mi negro baila!
¡Y que comiense el balele ya!

¡Baila mi negro baila!
¡Baila en la punta el pie!
¡Baila mi negro!
¡Bailame como ej!

En Puerto de Jobos hay muchos negros

Si llegas al pueblo de Guayama
dirán que llegaste al pueblo brujo.
¡No te asustes, ningún juju te soplaremos!
pero verás muchos negros
porque somos pueblo costero.

Si por la vieja carretera vas,
encontrarás un hermoso rincón,
allí se encuentran muchos negros
que valen un millón.
Se encuentra Rafael, un cocolo de verdad
y si visitas a Papá Miguel
de seguro te invitará a cenar.

Papá Miguel te contará toda la historia
de unos antiguos tambores,
legado especial que cuida con todo esmero
y si en el barrio hay un bombazo
con Mamá Luz bailará.

Los nombres de los jóvenes
de seguro te sorprenderán:
Suajili, Kunta, Suei, Shunté...
y son muchos los niñitos
que con Sara Forrestier

bailan con sabrosura
la bomba en la punta del pie.

El Puerto de Jobos,
un barrio de mi pueblo que tiene historia,
una comunidad que tiene negros,
que no se esconden en la cocina,
por el contrario,
se sientan a coger fresco
y saludan a todo el que se avecina.

Nuestra Majestad Negra

a Lucy Soto, QEPD

Es majestad negra que no culipandea,
se contonea con gracia y con sabor.
Si Palés la hubiese conocido
se hubiese fascinado con su candor.

De tez suave, pelo recogido o levantado
como concha de caracol.
Sonrisa de anchura
que oblicua sus ojos color oscuro marrón.

Es nuestra majestad negra,
es nuestra Diosa de color.
Es la que me enseñó a vivir la fantasía,
me enseñó lo que es la actuación.

Lucy Soto, mi amiga maestra,
mi inspiración.
La que me recuerda la poesía
de Palés, Guillén y Vizcarrondo
y otros tantos que escriben a esta linda raza
con respeto y esperanza.

Lucy Soto, la piel canela,
nuestra Majestad Negra,
la que me enseñó a gozar la fantasía,
la mujer cultura,

digna representante de su pueblo y su raza.
Lucy Soto, mi maestra amiga.
¡Mi inspiración!

A Papá Miguel

Dedicado a
Miguel Flores, QEPD

La historia hay que contarla
mientras está sucediendo.
Si el personaje no existe,
¿quién nos la hará llegar?

Se trata de un caso particular
en mi pueblo de Guayama.
Menudito, alegre y con excelente postura,
carga con una historia de bomba
que evoca de su niñez.

Me cuenta que en noches de baile de bomba
a los niños no dejaban bailar,
pero que tan pronto tuvo edad,
lo echaron a compartir el hechizo
de bailar con sabor rico
la bomba sureña pura.

Me cuenta que su tesoro mayor
es un barril de más de cien años
que le regalaron unos bomberos
de Ponce o de Mayagüez.

Me cuenta que cantaba en francés
los rosarios de las ánimas

y sin echarse de fama,
con humildad me narra
que ha viajado al extranjero,
que de partes varias
a su casa llegan una y otra vez
para que cuente su historia
de cómo baila el holandé.

Mi amado Papá Miguel,
el que le da tono y sabrosura a mi declamo,
el que baila con su especial talento
los ritmos varios de la bomba:
El sicá, el leró, el güembé y el seis corrido.
El que no permite echar al olvido
nuestra historia de baile y tambor.

Bailador de bomba celestial

a Carlos Massó, QEPD

—Abu... ¿Por qué Carlos se murió?

—Porque Papá Dios lo quería en el cielo.

—Abu... ¿Y pa' qué lo quiere en el cielo?

—Para que siga bailando la bomba.

—Abu... ¿Y en el cielo se baila la bomba?

—Bueno pues con Carlos allí creo que lo harán.

—Abu... Me siento triste porque Carlos no está.

—¿Quién te dijo que Carlos no está?

Está en cada toque de bomba,
está en cada baile o candombe,
está en cada recuerdo de quien lo conoció,
está en cada rincón
donde se hable con respeto de negrura,
está en cada alma pura como la tuya,
está en cada sonrisa del aguacero,
está...está aquí en mi corazón.

—Abu... ¿El aguacero se sonríe?

—Sí... si piensas en mi amigo
y hermano Carlos Massó.

A Pablo Lind

QEPD

Pablo Lind, ¿dime si te quedas o si te vas?

Son las voces de las cantaoras
que señalan que hay baile.
Que tú estás repicando,
que tú las estás haciendo gozar.

Son las cantaoras, las del Sur;
las de Arroyo, Guayama y Ponce.
Son las que llevan la maraca
que te ayuda a mantener el tiempo
y en el ritmo la velocidad.

Pablo Lind, dime si te quedaj o si te vaj.
Pablo Lind, dime si te quedaj o si te vaj.
Dime si te quedas Pablo,
dime si te quedaj o si te vaj.

Son los bailadores y bailaoras
que se acercan a tu tambor
con movimientos de sus pies, faldas, manos,
caderas y otras partes del cuerpo.
Que te piden que le des sonido
a sus movimientos con golpes de tu tambor.

En un acto de entrega,
es tu diálogo de tambor.
Es la forma de hacerte sentir,
que eres importante en ese espacio,
en ese lugar.
Donde suena tu tambor
lugar de donde no quieren que te vayas.

Pablo Lind, dime si te quedaj o si te vaj.
Pablo Lind, dime si te quedaj o si te vaj.
Dime si vaj pa' Guayama, dime si no vuelej maj.

Creaste con tu presencia,
una determinación regional.
Marcaste con la música
que cantaron para ti
al pueblo de Arroyo, pueblo costero,
pueblo de historia,
pueblo que hoy nos hace crecer.

Pablo Lind, dime si te quedaj o si te vaj.
Pablo Lind, dime si te quedaj o si te vaj.
Dime si te vaj pa Arroyo, dime si no vuelvej ma.

Dime Pablo, dime, ¿dónde estás?
Tonta de mí, ¿dónde vas a estar?
Pues tocando bomba en el batey celestial,
tocando para nuestros ancestros
esta música inspiracional.
Sacando los repiques más hermosos
que los bailadores te van a indicar.

¿Que dónde vas a estar?
En Arroyo, en Guayama,

en Ponce, en Mayagüez,
en Loíza, en Chicago,
en todo lugar.

Pablo Lind, dime si te quedaj o si te vaj.
Pablo Lind, dime si te quedaj o si te vaj.

Pues ya tú no eres Pablo,
tú eres bomba,
tú eres repique de historia.
Eres y serás Pablo Lind,
el tocador de bomba sureño,
el que trascendió la historia,
el que se queda aquí y allá.

Pablo Lind, dime si te quedaj o si te vaj,
dime si no vuelves más.

¡Qué va a ser!
¡Claro que vuelves y siempre estarás!

El legado de la diáspora

a Ivelisse, Bombera de Corazón

¡Aeee pa, Guayama, se baila bomba!
voz de trueno cepillado,
de cadencia y hermosura.
Descendiente de la cuidad bruja,
aunque no nació allí.
Su única y explosiva voz
resuena en lontananza,
como queriendo plasmar
la historia que ella pregona.

Habla de su barrio, de su gente,
de los ritmos de la bomba.
Con orgullo elabora un lenguaje musical
logrando crear un embrujo guayamesano.
Desde la diáspora levanta
un sentido Patrio y cultural
que suena como el coquí
en las noches de lluvia buena.

Es virtuosa, sencilla, dinámica,
buena, creativa y emprendedora
con un corazón inmenso
de identidad y cultura.
Ella es Ivelisse Díaz,
bombera, maestra, cantora,
bailadora y gestora cultural

con un corazón lleno de amor
por su Patria y su cultura.

Mi puntal poético

a Elsa Costoso, QEPD

Ay mi negrita, al cielo te me has ido
y yo ahora me cobijo en tu celestial presencia.
El día que tus ojos me miraron
mi cuerpo tembló y no de frío.
Era como sentir al oído
la voz de los ancestros
y tu ahí menudita, graciosa y angelical.
Declamabas a la Patria,
a la Raza y a tu lindo lar.

Ay mi negrita, al cielo te me has ido,
imposible dejar al olvido
tus poemas dichos en tu voz.
Poemas que hablan del campo y de la flor.
De Doña Mati y de mi Puerto Rico mentao.

Ay mi negrita, ¿cuánto dolor?
Mas tú me inspiraste a escribir de nuestra raza
y varias veces te lo conté.
Hoy que ya te fuiste
lo expreso de forma escrita sencilla.

Mi negrita, mi amada Elsa Costoso,
hoy, aunque en triste gozo,
puedo decir con orgullo

que fuiste mi puntal,
mi guía y mi sostén.

Que hoy mis versos se escuchan bien
y levanto bandera culta
pues tú, mi negrita santa,
me enseñaste lo que es la poesía culta,
poesía de Raza y poesía de Patria.

Gracias mi amada poeta,
gracias por ser mi musa-puntal.
Este es mi humilde galardón a tan amada figura.
Goza allá en las alturas,
declámale al creador y descansa en dicha plena
mi amada Elsa, mi inspiración.

En la búsqueda de los ancestros

a Melanie Maldonado Díaz

"Cuando yo sea grande quiero ser como tú".
Eres puertorriqueña que en la diáspora
se complace en darnos cátedra
de nuestra historia escondida,
de nuestros ancestros sacrificados,
de una historia dolida.

Buscas en cada rincón,
en cada lugar oculto,
en los libros que ya no leemos,
en la gente que pronto no estará
y preguntas, preguntas sin cesar,
que pasó con nuestra historia
y te conmueve y sollozas
ante tanto historial no dicho.
Vas por caminos extensos,
buscando pescadores de historia,
que te ayuden a rescatar
y a hermosear nuestra verdadera historia.
Les cuento, que la primera vez
que te vi en tu plena faena
trabajabas un proyecto hermoso
sobre el uso de las enaguas.

Rescataste historias,
encontraste costureras sabias
y allí en el pueblo de Arroyo
en una ceremonia hermosa se bailó,
y se documentó sobre
las enaguas y su historia.

Llegaste a Guayama buscando a las Villodas,
una sepa de mujeres que dejaron un legado
de que en el Puerto de Jobos
se bailó bomba en casa de Chato.
Ese día, nueve generaciones se encontraron,
contaron anécdotas, compartieron abrazos
y se plasmó la historia
con toque de bomba hasta el ocaso.

De ti, Melanie,
muchas anécdotas puedo contar
eres esa búsqueda constante,
eres comunicación errante
para todo el que te sigue,
incansable con la historia,
inmensa de sentimientos
y respeto por los ancestros,
los que sin duda desde el cielo
te dan su bendición.
El más reciente recuento que les puedo compartir;
fue allí frente al mar de la playa de Ponce,
donde se recordó una historia muy triste,
en mayo del 1818 antepasados africanos
nunca volvieron a ver su hogar
pues desembarcaron como esclavos...
allí en Ponce, en nuestro mar.
La ceremonia fue místicamente hermosa,
sentí que por momentos flotaba

pues la espiritualidad me llenaba
al ver todo lo que sucedía.
Se bendijo el lugar donde
una placa quedará estampada
con la historia de aquellas mujeres
y aquellos hombres
que murieron sin ver su patria.

Hoy gracias a ti Melanie,
concientizo más en mi historia,
elevo mi oración
por tantos mártires y héroes
y doy gracias a Dios
y pido que te bendiga
en tu gesta tan hermosa
como Mujer luchadora
y puertorriqueña valiosa.

Cantaora y compositora de bomba

a Julie Laporte

Una de mis hijas no paridas,
la que amo con candor, coqueta y pícara,
en su semblante tierna,
tímida en su interior.

Reconoció que por sus venas
las ancestras le cantaban
y decidió ser su vida y voz.
Comenzó con Benita, su abuela
y ahora como ella,
canta a todo pulmón.

Le canta al Sur,
describe la muerte del negrito,
cuenta las historias de los negros oprimidos,
reza sus plegarias en místico esmero...

Mi Julie, mi niña, mujer querida.
La que con sus manos sana
y cuando me llama,
consuela mi corazón.

Seas siempre bendecida,

que las ancestras siempre te acompañen,
que el amor nunca te falte
y siempre te llene de vibra.
Que tu pícara sonrisa
siempre lleve el dulce sabor a miel
y que todos tus días sean para bien.

Logró su Libertad

a Norma Ortiz,
Cantautora Del Grupo
"Bomba Brava", QEDP

—¿Mujer a dónde crees que vas?

—A buscar el sonido de tambores.

—¿Y qué rayos dicen esos tambores?

—Que tengo derecho a la libertad.

—Tonta de ti... ¿Acaso no eres libre?
Naciste libre ¿Qué deseas más?

—La verdadera libertad,
la libertad para amar al que yo quiera.
La libertad para parir cuando quiera.
La libertad para gritar lo que quiera
y en donde sea necesario.
La libertad de saber que puedo caminar
por las talas de café
sin que me persigan los sabuesos.
La libertad para reír cuando desee
y llorar cuando la pena me embargue.
La libertad para gritarles que se equivocan
si piensan que voy a dejar de luchar.
Esta noche me escapo,
los hermanos cimarrones me van a ayudar.

Correré monte adentro,
buscaré mi espacio silente,
dejaré de respirar para que no me escuchen
y seré libre de verdad.

—Ahh... entonces lo acabas de declarar
eres una de tantas cimarronas.

—Te equivocas, soy Norma,
no una: la cimarrona,
la esclavizada rebelde,
la que he luchado por una vida de libertad,
no en rincones apartados
sino en espacios liberados.
La que por mis luchas
y decisiones he sido señalada,
admirada, rechazada, aceptada.
La que hoy encontré el camino de la fuga.
Los tambores me guían,
su sonido es uno de paz y no de agonía.
Los tambores me guían,
y sé dónde queda mi palenque.

El sonido de los tambores me abraza
y me conducen a la verdadera libertad.
Te equivocas si no entiendes
lo que para mí es libertad.
Hoy, yo, Norma la cimarrona,
logrará por fin su libertad.

—Pues entonces mi amada Norma...
Descansa en paz.

123

Negros para mi historia

Cuando el sentimiento se desparrama
en cadencias de emoción,
salen notas internas que respiran fervor.
Mi historia no se acaba y tengo que concluir
que dejando esta huella escrita no se podrá morir.

Son negras y negros
que se acunan en mis poemas
narrando sus historias pasadas
en este presente mío.
Acunando remembranzas
les he dedicado mi poesía,
mencionando sus luchas, sufrimientos y alegrías.

Hablo del discrimen,
de su balele y su sensualidad,
marcando todo en especial compás
para que quede plasmada
que la raza negra no será olvidada,
quedará en la inmortalidad.

Los últimos versos de este viaje humanitario
se los dedico a los que son,
a los que no niegan de su raza
y la preservan con orgullo.
A mis maestros negros: a misis Mandés,
a misis Aida Lebrón,
a Doña Providencia Santiago
y a Don Lucas Texidor.

Al poeta, al defensor de la bomba del Sur,
mi profesor de historia,
Don Francisco García Boyrié.
A mis compañeras maestras negras: Majú Silva,
las hermanas Soto,
Socorro Figueroa y a mi amada Lilín.
A mi gente negra de los barrios
que me vieron nacer:
Loma del Viento, Carioca y otros tantos
que en mis versos he hablado.

Y sobre todo, y para que quede
marcada la historia en este libro simbólico,
dedico estos versos notorios
a los negros y negras valientes
que con sus piquetes, estilo sureño y gallardía
le han dado vida a mi Verso y Tambó.

Soy puertorriqueña afrocaribeña

Soy puertorriqueña afrocaribeña
porque bendigo mi Patria cada mañana,
porque en su suelo nacieron mis críos
que son mis tribus y huelen a china y a pacholí.

Soy puertorriqueña afrocaribeña
porque puedo vivir en alegría
y sobreponerme a la amargura.
Porque con la música lloro
Y tarareo al escuchar una vieja canción.

Soy puertorriqueña afrocaribeña
porque estoy llena de simpatía e inteligencia.
Porque defiendo la Patria aún sin saber cómo.
Porque vivo con el recuerdo de mis ancestros
y porque creo en su protección divina.

Soy puertorriqueña afrocaribeña
porque creo en los míos y lo que representan.
Porque soy amante de todo lo Patrio.

Porque mi color representa una historia
de mezcla y lucha.
Porque soy puertorriqueña afrocaribeña
y lo siento en mi corazón.

Glosario

Acué: Espíritu supremo.

Ébano: Madera tropical color negro.

Bisisitú: (vicisitud) Serie de sucesos que pueden ser alegres o adversos.

Ballolla: Broma, chiste, diversión.

Güije: Tipo de duende característico de la cultura cubana. Este ser se representa como un negrito diminuto, de grotescas facciones, ojos saltones y muy escurridizo.

Yemayá: Encarna la figura de ser la virgen de los navegantes, la protectora del hogar, la diosa de la fertilidad o la madre de los peces.

Yamambó: Onomatopeya.

Abiqué: Ser maligno.

Acuenené, acuenenó: Onomatopeya.

Borocotó: Se refiere al sonido rítmico del tambor.

Guariquitén: Rancho o bohío campesino.

Dinguili dinguililó: Onomatopeya.

Sandunga: Gracia, salero, alegría.

Changó: Dios de la fuerza, el trueno y el tambor.

Melaza: Líquido más o menos viscoso, de color pardo oscuro y sabor muy dulce, que queda como residuo de la fabricación del azúcar de caña.

Catinga: Baile.

Cucalambé: Baile de negros.

Obí: Brujo, ser maligno.

Gongoj: Tambores.

Jujú: Hechizo, trabajo de brujería.

Nora Cruz Roque
(Solangedar)

Puertorriqueña nacida en el pueblo de Guayama. Gestora cultural, escritora, poeta, declamadora del verso negrista, cuenta cuentera y artesana. Puertorriqueña. Posee un Bachillerato en Educación y Grado de Maestría en Investigación y Gestión Cultural de la Universidad de Puerto Rico, Recinto de Río Piedras. Es la fundadora de la Liga de Poetas del Sur (2009), hoy día conocido como Comunidad de Literatura, Arte y Cultura en el Sur (C.L.A.C.), del Movimiento Performático Verso y tambó (2014) y del Proyecto Cultural MAHINI (2021).

Como reconocida escritora tiene a su haber las siguientes publicaciones bajo el sello del Colectivo Editorial Liga de Poetas del Sur: Cuatro Poemarios; "Verso y Tambó" (2008), "Amaneceres a la luz de tus ojos Vieques Liberada" (2013), "Gritos silentes de mi Patria y de mi gente" (2013) y "A la luz de las tinieblas".

Su trabajo en prosa cuenta con tres libros de cuentos infantiles: "Lilí la muñeca de trapo", "El lechoncito majadero" y "Marimar la olita aventurera". Una antología de cuentos: "En la maleta de tía Lucía", y un libro híbrido entre novela corta, cuento y poesía: "En busca de la mentirosa verdad".

Como dramaturga ha publicado dos libros de piezas teatrales en 2016: "Desmontajes" y" ¡Pa' los teatreros!".

En compañía de sus grupos culturales: Grupo Folclórico Verso y Tambó, los Teatreros de Tanyerina e integrantes de la Liga de Poetas del Sur, ha llevado su trabajo literario y cultural a República Dominicana, Colombia, Islas Vírgenes (St. Croix y Saint Thomas), Cuba y varios estados de la nación americana.

Su trabajo cultural siempre ha estado relacionado a las luchas en contra de las diversas formas de racismo y estas manifestaciones las expone en su trabajo literario utilizando diversos estilos teatrales y performáticos.

Los premios, reconocimientos y títulos dados por su gesta cultural son muchos, los cuales le han dado méritos a su gesta de trabajo constante. El más reciente es el

Premio Eugenio María de Hostos como ciudadana del año 2023 – 2024 otorgado por los Clubes de Leones.

Su proyecto más reciente titulado MAHINI (Madres – Hijas – Nietas). Es un proyecto que no solo continua con su poesía en honor a la raza negra, y con el grupo familiar, sino que hace presentaciones con poesía y toque de tambores, y también añade el elemento de la artesanía en la confección de muñecas de trapo en donde honra a todas las ancestras madres quienes dentro de su tiempo confeccionaban muñecas para sus niñas. Venerando el recuerdo de su madre Antonia Roque Escalante, costurera y ama de casa. De ese modo pasa ese legado a sus hijas y nietas, quienes ya confeccionan muñecas y otros trabajos relacionados a nuestro legado afrodescendiente. Unido a la artesanía, se añaden presentaciones artísticas como la narrativa de cuentos con su personaje Tanyerina.

Verso y Tambó en su segunda edición, es la mejor estrategia donde, a través de su poesía, honra la Raza Negra, la mujer y los personajes negros de su pueblo de Guayama.

Para más información:
noracruzpr@hotmail.com
solangedar@gmail.com
787-510-6064
http//:la entintada. wix.com

Este libro se terminó de editarse en agosto de 2024.

Made in the USA
Columbia, SC
18 October 2024